Mini-Tonis

Armin Täubner

Sternzeichen und Glücksbringer

aus Mini-Tontöpfen

Die Beschreibungen zu Micha, dem Glücksfahrer, finden Sie auf Seite 32, zu Kai, dem Löwen, auf Seite 11, zu Andi, dem Widder, auf Seite 7 und zu Albrecht, dem Glückspilz, auf Seite 23.

Dieses Buch enthält:
1 Vorlagenbogen und
1 Zusatzbogen

Fotos: frechverlag GmbH, 70499 Stuttgart;
Fotostudio Ullrich & Co., Renningen

Auflage: 5. 4. 3. 2.
Jahr: 2007 2006 2005 2004
Letzte Zahlen maßgebend

frechverlag GmbH, 70499 Stuttgart
Druck: frechdruck GmbH, 70499 Stuttgart

ISBN 3-7724-3175-5 · Best.-Nr. 3175

Jetzt bringen die Mini-Tonis Glück und garantieren gute Sterne!

Mit Sternzeichen und Glücksbringern geht der Mini-Toni-Spaß weiter. Aus kleinen Tontöpfchen und wenigen Materialien können Sie ganz einfach Maskottchen für jeden Anlass fertigen und all Ihre Lieben mit dem entsprechenden Tierkreiszeichen in witziger Umsetzung überraschen.
Die Mini-Tonis bringen auf vielerlei Arten Freude: Sie kommen toll an als kleines Mitbringsel zu Anlässen, bei denen man ein Quäntchen Glück ganz besonders nötig hat. Ein Geldgeschenk, z. B. zum Geburtstag, wird persönlicher, wenn Sie es mit dem entsprechenden Mini-Toni-Sternzeichen überreichen. Oder Sie weisen einen besonders umtriebigen Widder oder einen allzu sehr von sich überzeugten Löwen dezent auf seine Eigenheiten hin. Versehen Sie die Mini-Tonis einfach mit Schildchen mit einem pfiffigen Spruch, der zum Anlass oder zum Beschenkten passt – so überbringen die Mini-Tonis ganz charmant Ihre Botschaft!

Wer will da nicht die ganze Bande haben?

Viel Spaß beim Sammeln und Verschenken wünscht Ihnen

Materialliste

- Mini-Tontöpfe, ø 3,5 cm
- Tonkartonreste
- Holzkugeln
- Bastelfarbe
- Strukturschnee
- Verschiedene Drähte
- Verschiedene Schnüre, Wollen und Fasern
- Wackelaugen

Folgende **Werkzeuge** sollten Sie zur Hand haben; sie werden bei den einzelnen Motiven nicht gesondert aufgeführt:

- Schere, Cutter mit Schneideunterlage
- Kreisschablone oder Zirkel
- Transparentpapier und Kartonreste für Schablonen
- Pinsel, Schwämmchen
- Bleistift, Buntstift in Rot, feiner und dicker Filzstift in Schwarz (wasserfest)
- Klebepistole, Klebstoff, z. B. UHU Alleskleber, Klebestift
- Föhn (zum Trockenföhnen der bemalten Tontöpfchen)
- Bohrmaschine (für Viren-Teufelchen, Glücksbabys und Micha, den Glücksfahrer)

Für die Arbeit mit Draht:

- Seitenschneider (zum Abschneiden)
- Rundzange (Ösen biegen)
- Kleine Flachzange (Draht samt Haaren durch Holzkugeln ziehen, Drahtenden miteinander verdrehen)
- Zahnstocher oder Schaschlikstäbchen (zum Anfertigen von Drahtspiralen)
- Vorstechnadel (Löcher für Draht stechen)

Wichtige Hinweise

Für jede Figur wird ein Mini-Tontopf (ø 3,5 cm) benötigt. Dieser ist bei den jeweiligen Materiallisten nicht aufgeführt.
Alle Materialangaben beziehen sich auf eine Figur.
Köpfe, Tontöpfe und andere Motivteile werden stets vor dem Zusammenbau komplett bemalt!

Arbeitsschritte

Kartonschablonen herstellen

Pausen Sie die Motivteile vom Vorlagenbogen mit Bleistift auf Transparentpapier ab. Das Transparentpapier kleben Sie auf einen Kartonrest und schneiden die Teile aus.

Tontöpfe bemalen

Die Bastelfarbe wird entweder mit einem flachen Haarpinsel (Nr. 6 oder Nr. 8) oder mit einem Schwämmchen aufgetragen. Zügig arbeiten, da die Töpfchen viel Feuchtigkeit aufnehmen. Tragen Sie die Farbe möglichst glatt auf. Ggf. tauchen Sie den Pinsel ins Wassergefäß und überstreichen die ganze Fläche nochmals. Wenn Ihnen kein gleichmäßiger Farbauftrag gelingt, nehmen Sie einfach das Schwämmchen und tupfen noch eine Farbschicht darüber. Es entsteht dadurch eine ebenmäßige, leicht raue Oberfläche. Der Fachhandel bietet für Struktureffekte auch Farben an, denen entweder schon ein sehr feines Granulat beigemischt ist oder denen man ein Granulat nach eigenem Geschmack zusetzen kann. Zuletzt wird der Topf trocken geföhnt.

Kleine Öffnung am Tontopf verschließen

Bei den Tieren wird die kleine Öffnung am Tontopf mit einem Kartonkreis verschlossen. Zeichnen Sie dafür mit Bleistift und Kreisschablone oder Zirkel einen Kreis (ø 14 mm) auf einen Karton, schneiden Sie ihn aus und kleben Sie ihn auf die Tontopföffnung.

Gesichter auf Rohholzperlen

Die Rohholzperlen werden meistens hautfarben bemalt, dann die Gesichter leicht mit Bleistift vorgezeichnet und mit einem feinen schwarzen Filzstift nachgezogen. Die Wangen malen Sie mit einem roten Farbstift auf.

Holzköpfe befestigen

Methode A

Die Haare werden in der Mitte mit einem meist 11 cm langen Blumendraht (ø 0,65 mm) zusammengefasst und mit einer Flachzange mindestens 1 cm tief in die Holzperle für den Kopf gezogen. Nun die Arme (aus Chenilledraht) um den Drahthals schlingen. Stecken Sie die beiden Drahtenden durch die Tontopföffnung. Zwischen die Drahtenden legen Sie ggf. die Beine und ziehen dann auf ein Drahtende eine Holzperle (ø 15 mm), bevor Sie beide Enden miteinander verdrehen.

Methode B

Der mittig umgeknickte Hals-Beinedraht (aus Chenilledraht) wird in die Kopfperle eingeklebt. Schlingen Sie den Armedraht (aus Chenilledraht) um den Hals. Die Enden des Hals-Beinedrahtes werden durch die Tontopföffnung und eine Holzperle (ø 15 mm) gezogen. Anschließend werden Arme und Beine zurechtgebogen.

Methode C

Ziehen Sie die Mitte der Beinkordel von unten durch die Tontopföffnung. Durch die entstandene Öse wird dann die Armkordel gezogen. Fassen Sie die Haare mittig mit einem 11 cm langen Blumendraht (ø 0,65 mm) zusammen und ziehen Sie sie mit einer Flachzange mindestens 1 cm tief in den Holzkopf. Die Drahtenden werden dann zur Arm- und Beinkordel in die Tontopföffnung gesteckt. Auf ein Drahtende stecken Sie eine Holzperle (ø 15 mm), dann werden beide Drahtenden miteinander verdreht.

Tierköpfe aus Tonkarton werden am besten mit der Klebepistole am Topfrand fixiert. Die anderen Motivteile aus Tonkarton werden mit Alleskleber befestigt.

Tierbeine

Bei manchen Tieren bestehen die Beine aus zwei gleich langen Chenilledrahtstücken, die in der Mitte umgebogen werden. Die Beinpaare werden von unten in den Tontopf geklebt.

Schildchen anbringen

Die Herstellung und Befestigung der Schildchen wird bei den jeweiligen Anleitungen nicht erwähnt. Vorgedruckte Schildchen zum Ausschneiden mit flotten Sprüchen oder blanko finden Sie auf dem beiliegenden Bogen. Oder Sie fertigen selbst Schilder in der von Ihnen gewünschten Größe und Farbe aus Tonkarton an und verzieren sie mit bunten Filzstiften oder mit dem Pinsel. Die Schildchen werden z. B. mit der Vorstechnadel gelocht und mit einem farblich passenden Faden oder Draht oder einfach mit Klebstoff am Tier befestigt.

Die Beschreibung zum Glücksprüfling Franz finden Sie auf Seite 30 und zum Fisch Sirin auf Seite 18.

Mini Tonis **Nr. 49**

Armin und Andi, die Widder

(21.03. bis 20.04.)

Material

- Tonkarton in Weiß und hellem Beige oder Weiß und Gelb
- Bastelfarbe in Weiß
- Ggf. Strukturschnee
- Ggf. kugelförmiges Metallglöckchen in Gold, ø 9 mm
- Ggf. Baumwollfaden in Schwarz, ø 1 mm

Vorlagenbogen 1A

Tragen Sie auf den weiß grundierten Tontopf mit einem Borstenpinsel den Strukturschnee auf oder malen Sie mit einem schwarzen Filzstift Kringel auf. Am Kopf wird von hinten das Gehörn angeklebt, dann das Gesicht aufgemalt und auf die Stirn ggf. etwas Strukturschnee aufgetragen. Kleben Sie Kopf und Hufe an.

Mini Tonis Nr. 50

Alex und Daniel, die Stiere

(21.04. bis 21.05.)

Material

- Tonkarton in Schwarz
- Bastelfarbe in Schwarz und Beige oder Rot und Weiß
- 2 Wackelaugen, ø 3 mm
- Chenilledraht in Schwarz, 2 x 9 cm lang

Vorlagenbogen 1A

Am schwarzen Tonkartonkopf werden die Hörner und die Schnauze beige oder weiß angemalt. Ergänzen Sie die Nüstern und die Wackelaugen und kleben Sie den Kopf und den Schwanz an den gestalteten Tontopf (das Muster wird mit Filzstift auf den roten Topf gemalt). Für die Beine werden die beiden Chenilledrahtstücke in der Mitte umgebogen und unten in den Tontopf geklebt.

Moni und Vroni, die Zwillinge

(22.05. bis 21.06.)

Material

- 2 Rohholzperlen, ø 20 mm
- Tonkarton in Rot und Gelb
- Bastelfarbe in Hautfarbe, Rot und Gelb
- Dicker Lackmalstift in Weiß
- Wolle in Schwarz, Rot und Gelb, ø 1 mm
- Chenilledraht in Beige oder Ocker, 2 x 4 cm lang

Vorlagenbogen 1A

Die Farbe auf den Tontöpfen wird mit dem Schwämmchen aufgetupft, damit eine gleichmäßige Oberflächenstruktur entsteht. Nach dem Trocknen malen Sie mit dem weißen Lackmalstift das Muster auf. Für die Haare wird ein Büschel 8 cm langer schwarzer Fäden in der Mitte mit einem gleichfarbigen Faden zusammengefasst und auf den bereits mit dem Gesicht bemalten Kopf geklebt. Als Hals kleben Sie ein Chenilledrahtstück in die Bohrung der Perle, das andere Ende kleben Sie in die Tontopföffnung. Die Haare zu Zöpfen binden.

Mini Tonis **Nr. 52**

Käthe und Herbert, die Krebse

(22.06. bis 22.07.)

Material

- Tonkarton in Braun oder Gelb
- Bastelfarbe in Braun oder Gelb und Violett
- 2 Wackelaugen, ø 3 mm
- Edelstahldraht in Schwarz, ø 1 mm, 18 cm lang

Vorlagenbogen 1A

Bemalen Sie den Tontopf in Braun oder Gelb mit violettem und schwarzem Muster. Mit dem schwarzen Filzstift werden Füße, Scheren und Schwanz gestaltet, ggf. Scheren und Schwanz violett bemalen. Stechen Sie am Kopf zwei Löcher ein und stecken Sie als Fühler die Enden des mittig gebogenen Drahtes durch. Dann werden die Augen und zuletzt der Tontopf aufgeklebt.

Material

- Tonkarton in Ocker oder Gelb
- Bastelfarbe in Ocker und Dunkelbraun oder Gelb und Dunkelbraun
- Ggf. Strukturschnee
- Chenilledraht in Braun, 2 x 10 cm lang (Beine), oder in Schwarz, 2 x 10 cm (Beine) und 1 x 18 cm lang (Mähne)
- Blumendraht, ø 0,35 mm, 3 x 5 cm lang
- 2 Wackelaugen, ø 3 mm

Vorlagenbogen 1A

Olli und Kai, die Löwen

(23.07. bis 23.08.)

Gestalten Sie den Tontopf in der gewünschten Farbe. Tragen Sie mit dem Borstenpinsel bzw. einem Holzstäbchen Strukturschnee als Mähne auf oder wickeln Sie das 18 cm lange Chenilledrahtstück zu einer flachen, ovalen Spirale. Die Strukturschnee-Mähne und die Schwanzquaste werden dunkelbraun bemalt. Am Kopf werden sechs Löcher eingestochen und die drei Drahtstücke als Schnurrhaare durchgesteckt. Auf den getrockneten Strukturschnee bzw. die Spirale wird der Kopf geklebt. Kleben Sie den Schwanz an und die mittig geknickten Beine in den Topf.

Jule und Claudia, die Jungfrauen

(24.08. bis 23.09.)

Material

- Je 1 Rohholzperle, ø 15 mm und ø 25 mm
- Bastelfarbe in Hellblau oder Türkis und Hautfarbe
- Tonkarton in Hellblau und Rot oder Türkis und Rot
- Büschel Grasfaser in Weiß oder Grün (Haare)
- Chenilledraht in Hellblau, 16 cm lang
- Blumendraht, ø 0,65 mm, 11 cm lang
- Ggf. Blumendraht, ø 0,35 mm, 10 cm lang (Kette)

Vorlagenbogen 1A

Gestalten Sie die Holzperle für den Kopf, den Tontopf und den Schwanz. Die Jungfrau wird nach Methode A gearbeitet (siehe Seite 5). Anschließend wird der Schwanz angeklebt und die Herzkette umgehängt bzw. das Herz in die Hand gegeben.

Material

- Je 1 Rohholzperle, ø 15 mm und ø 20 mm
- Bastelfarbe in Blau und Hautfarbe
- Dicker Lackmalstift in Weiß
- Tonkarton in hellem Beige (Waagschalen)
- Marionettenfüße aus Holz, 20 mm x 15 mm
- Büschel Grasfaser in Gelb (Haare)
- Chenilledraht in Blau, 13 cm lang (Arme)
- Blumendraht, ø 0,65 mm, 13 cm lang (Hals)
- Geglühter Steckdraht, ø 1 mm, 8 cm lang (Waage)
- Blumendraht, ø 0,35 mm, 2 x 5 cm, 3 x 2,5 cm lang (Waage)

Vorlagenbogen 1A

Mini Tonis **Nr. 55**

Katrin, die Waage

(24.09. bis 23.10.)

Bemalen Sie den blauen Tontopf mit weißen Dreiecken. Nun werden Kopf und Arme nach Methode A befestigt (siehe Seite 5). An den beiden Drahtenden fixieren Sie die Marionettenfüße. In die Waagschalen werden je drei Löcher gestochen und diese mit den dünnen Drahtstücken am zurechtgebogenen Bügel aufgehängt (siehe Vorlagenbogen). Mit dem übrigen Drahtstück wird der Bügel an der Hand fixiert.

Mini-Tonis Nr. 56

Inge und Ernst, die Skorpione

(24.10. bis 22.11.)

Material

- Tonkarton in Terrakotta oder Blau und Gelb
- Ggf. Bastelfarbe in Blau und Gelb
- 2 Wackelaugen, ø 7 mm

Vorlagenbogen 1A

Bemalen Sie ggf. den Tontopf und decken Sie die Öffnung mit einem Tonkartonkreis ab. Kleben Sie die Wackelaugen auf den Tontopf und malen Sie das Gesicht auf. Unterteilen Sie die Beine mit Filzstiftlinien und malen Sie die Scheren und den Stachel schwarz oder gelb an.

Material

- Je 1 Rohholzperle, ø 15 mm und ø 20 mm
- Bastelfarbe in Grün und Hautfarbe
- Dicker Lackmalstift in Weiß
- Chenilledraht in Grün, 13 cm lang
- Tonkarton in Grün (Köcher, Schuhe)
- Büschel Abaca-Fasern in Schwarz, 8 cm lang
- Baumwollkordel in Beige, ø 1 mm, 10 cm lang
- Geglühter Stieldraht, ø 14 mm, 10 cm lang (Bogen)
- Blumendraht, ø 0,65 mm, 5 x 5 cm lang (Pfeile) und 11 cm lang (Hals)
- Blumendraht, ø 0,35 mm, 10 cm lang (Bogensehne)
- Lochzange

Vorlagenbogen 1A

Wilhelm, der Schütze

(23.11. bis 21.12.)

Auf den grünen Tontopf malen Sie mit dem weißen Lackmalstift ein Schachbrettmuster. Gestalten Sie den Kopf. Der Schütze wird nach Methode A gefertigt (siehe Seite 5). Kleben Sie die Schuhe an den unteren Rand des Tontopfes. Der Köcher wird an der gestrichelten Linie zusammengeklappt, am Rand zusammengeklebt, gelocht und die Kordel angeknotet. Der Bogen wird mit der Rundzange gebogen (vgl. Vorlagenbogen) und dem Schützen samt Pfeil in die Hand gegeben.

Material

- Tonkarton in Terrakotta oder Weiß
- Bastelfarbe in Hellgelb oder Violett
- Ggf. dicker Lackmalstift in Weiß
- 2 Wackelaugen, ø 3 mm
- Chenilledraht in Ocker oder Weiß, 2 x 10 cm (Beine) und 1 x 2 cm lang (Bart)

Vorlagenbogen 1A

Mini-Tonis **Nr. 58**

Josefine und Janosch, die Steinböcke

(22.12. bis 20.01.)

Bemalen Sie ggf. den Tontopf und tragen Sie mit weißem Lackmalstift das Muster auf. Am Kopf werden zuerst die Hörner angemalt. Gestalten Sie dann das Gesicht samt Wackelaugen und hinterklebtem Chenilledrahtbart. Nun werden Beine und Kopf am Tontopf befestigt, siehe Seite 6.

ni Tonis Mini Tonis Mini Tonis Mini Tonis Mini Tonis Mini Tonis Mini Tonis
Mini Tonis Mini Tonis Mini Tonis Mini Tonis Mini Tonis Mini Tonis Mini Tonis
ni Tonis Mini Tonis Mini Tonis Mini Tonis Mini Tonis Mini Tonis Mini Tonis
Mini Tonis Mini Tonis Mini Tonis Mini Tonis Mini Tonis Mini Tonis Mini Tonis
ni Tonis Mini Tonis Mini Tonis Mini Tonis Mini Tonis Mini Tonis Mini Tonis
Mini Tonis Mini Tonis Mini Tonis Mini Tonis Mini Tonis Mini Tonis Mini Tonis
ni Tonis Mini Tonis Mini Tonis Mini Tonis Mini Tonis Mini Tonis Mini Tonis
Mini Tonis Mini Tonis Mini Tonis Mini Tonis Mini Tonis Mini Tonis Mini Tonis
ni Tonis Mini Tonis Mini Tonis Mini Tonis Mini Tonis Mini Tonis Mini Tonis
Mini Tonis Mini Tonis Mini Tonis Mini Tonis Mini Tonis Mini Tonis Mini Tonis
ni Tonis Mini Tonis Mini Tonis Mini Tonis Mini Tonis Mini Tonis Mini Tonis
Mini Tonis Mini Tonis Mini Tonis Mini Tonis Mini Tonis Mini Tonis Mini Tonis
ni Tonis Mini Tonis Mini Tonis Mini Tonis Mini Tonis Mini Tonis Mini Tonis
Mini Tonis Mini Tonis Mini Tonis Mini Tonis Mini Tonis Mini Tonis Mini Tonis
ni Tonis Mini Tonis Mini Tonis Mini Tonis Mini Tonis Mini Tonis Mini Tonis
Mini Tonis Mini Tonis Mini Tonis Mini Tonis Mini Tonis Mini Tonis Mini Tonis
ni Tonis Mini Tonis Mini Tonis Mini Tonis Mini Tonis Mini Tonis Mini Tonis
Mini Tonis Mini Tonis Mini Tonis Mini Tonis Mini Tonis Mini Tonis Mini Tonis
ni Tonis Mini Tonis Mini Tonis Mini Tonis Mini Tonis Mini Tonis Mini Tonis
Mini Tonis Mini Tonis Mini Tonis Mini Tonis Mini Tonis Mini Tonis Mini Tonis
ni Tonis Mini Tonis Mini Tonis Mini Tonis Mini Tonis Mini Tonis Mini Tonis
Mini Tonis Mini Tonis Mini Tonis Mini Tonis Mini Tonis Mini Tonis Mini Tonis
ni Tonis Mini Tonis Mini Tonis Mini Tonis Mini Tonis Mini Tonis Mini Tonis
Mini Tonis Mini Tonis Mini Tonis Mini Tonis Mini Tonis Mini Tonis Mini Tonis
ni Tonis Mini Tonis Mini Tonis Mini Tonis Mini Tonis Mini Tonis Mini Tonis
Mini Tonis Mini Tonis Mini Tonis Mini Tonis Mini Tonis Mini Tonis Mini Tonis
ni Tonis Mini Tonis Mini Tonis Mini Tonis Mini Tonis Mini Tonis Mini Tonis
Mini Tonis Mini Tonis Mini Tonis Mini Tonis Mini Tonis Mini Tonis Mini Tonis
ni Tonis Mini Tonis Mini Tonis Mini Tonis Mini Tonis Mini Tonis Mini Tonis
Mini Tonis Mini Tonis Mini Tonis Mini Tonis Mini Tonis Mini Tonis Mini Tonis
ni Tonis Mini Tonis Mini Tonis Mini Tonis Mini Tonis Mini Tonis Mini Tonis
Mini Tonis Mini Tonis Mini Tonis Mini Tonis Mini Tonis Mini Tonis Mini Tonis
ni Tonis Mini Tonis Mini Tonis Mini Tonis Mini Tonis Mini Tonis Mini Tonis
Mini Tonis Mini Tonis Mini Tonis Mini Tonis Mini Tonis Mini Tonis Mini Tonis
ni Tonis Mini Tonis Mini Tonis Mini Tonis Mini Tonis Mini Tonis Mini Tonis
Mini Tonis Mini Tonis Mini Tonis Mini Tonis Mini Tonis Mini Tonis Mini Tonis
ni Tonis Mini Tonis Mini Tonis Mini Tonis Mini Tonis Mini Tonis Mini Tonis
Mini Tonis Mini Tonis Mini Tonis Mini Tonis Mini Tonis Mini Tonis Mini Tonis
ni Tonis Mini Tonis Mini Tonis Mini Tonis Mini Tonis Mini Tonis Mini Tonis
Mini Tonis Mini Tonis Mini Tonis Mini Tonis Mini Tonis Mini Tonis Mini Tonis

Ich bin dein Glückspilz!

Krebs

Wo ich bin, ist die Mitte

I´m no angel!

Du schaffst es!!!

SCHUTZ-
ENGEL

Ich bring´ dir Glück!

Ich nehm´ dir deine Sorgen ab …

Ich pack´s an

Mit dem Kopf durch die Wand

Computer-Teufelchen

SORGEN-PÜPPCHEN

EXAMEN

SUMMA CUM LAUDE

GLÜCKS-HEXE

GLÜCKS-SCHWEIN

Idealismus statt Realismus

Ich geh´ meinen Weg!

Ich hex´ für dich

Löwe

Waage

Skorpion

SCHÜTZE

Steinbock

WIDDER

Fische

Wassermann

Zwillinge

Jungfrau

Ich weiß alles!

Traumhaft phantastisch!

Achtung: empfindsam!

Stier

Viel Glück!

Viel Glück!

Kopf hoch!

Don´t worry

TOI, TOI, TOI

Willkommen, Baby!

Take it easy!

Ich bin immer bei dir!

Toi, toi, toi!

Einschlaf-Bärchen

ICH BESCHÜTZE DICH

Gute Fahrt

Traum-Bärchen

Hals- und Beinbruch

Viel Glück

TOPP
© frechverlag Stuttgart
Armin Täubner
Mini Tonis
Sternzeichen und Glücksbringer
Best.-Nr. 3175

Mini Tonis Mini Tonis Mini Tonis Mini Tonis Mini Tonis Mini Tonis Mini Tonis
Mini Tonis Mini Tonis Mini Tonis Mini Tonis Mini Tonis Mini Tonis Mini Ton
Mini Tonis Mini Tonis Mini Tonis Mini Tonis Mini Tonis Mini Tonis Mini Tonis
Mini Tonis Mini Tonis Mini Tonis Mini Tonis Mini Tonis Mini Tonis Mini Ton
Mini Tonis Mini Tonis Mini Tonis Mini Tonis Mini Tonis Mini Tonis Mini Tonis
Mini Tonis Mini Tonis Mini Tonis Mini Tonis Mini Tonis Mini Tonis Mini Ton
Mini Tonis Mini Tonis Mini Tonis Mini Tonis Mini Tonis Mini Tonis Mini Tonis
Mini Tonis Mini Tonis Mini Tonis Mini Tonis Mini Tonis Mini Tonis Mini Ton
Mini Tonis Mini Tonis Mini Tonis Mini Tonis Mini Tonis Mini Tonis Mini Tonis
Mini Tonis Mini Tonis Mini Tonis Mini Tonis Mini Tonis Mini Tonis Mini Ton
Mini Tonis Mini Tonis Mini Tonis Mini Tonis Mini Tonis Mini Tonis Mini Tonis
Mini Tonis Mini Tonis Mini Tonis Mini Tonis Mini Tonis Mini Tonis Mini Ton
Mini Tonis Mini Tonis Mini Tonis Mini Tonis Mini Tonis Mini Tonis Mini Tonis
Mini Tonis Mini Tonis Mini Tonis Mini Tonis Mini Tonis Mini Tonis Mini Ton
Mini Tonis Mini Tonis Mini Tonis Mini Tonis Mini Tonis Mini Tonis Mini Tonis
Mini Tonis Mini Tonis Mini Tonis Mini Tonis Mini Tonis Mini Tonis Mini Ton
Mini Tonis Mini Tonis Mini Tonis Mini Tonis Mini Tonis Mini Tonis Mini Tonis
Mini Tonis Mini Tonis Mini Tonis Mini Tonis Mini Tonis Mini Tonis Mini Ton
Mini Tonis Mini Tonis Mini Tonis Mini Tonis Mini Tonis Mini Tonis Mini Tonis
Mini Tonis Mini Tonis Mini Tonis Mini Tonis Mini Tonis Mini Tonis Mini Ton
Mini Tonis Mini Tonis Mini Tonis Mini Tonis Mini Tonis Mini Tonis Mini Tonis
Mini Tonis Mini Tonis Mini Tonis Mini Tonis Mini Tonis Mini Tonis Mini Ton
Mini Tonis Mini Tonis Mini Tonis Mini Tonis Mini Tonis Mini Tonis Mini Tonis
Mini Tonis Mini Tonis Mini Tonis Mini Tonis Mini Tonis Mini Tonis Mini Ton
Mini Tonis Mini Tonis Mini Tonis Mini Tonis Mini Tonis Mini Tonis Mini Tonis
Mini Tonis Mini Tonis Mini Tonis Mini Tonis Mini Tonis Mini Tonis Mini Ton
Mini Tonis Mini Tonis Mini Tonis Mini Tonis Mini Tonis Mini Tonis Mini Tonis
Mini Tonis Mini Tonis Mini Tonis Mini Tonis Mini Tonis Mini Tonis Mini Ton
Mini Tonis Mini Tonis Mini Tonis Mini Tonis Mini Tonis Mini Tonis Mini Tonis
Mini Tonis Mini Tonis Mini Tonis Mini Tonis Mini Tonis Mini Tonis Mini Ton
Mini Tonis Mini Tonis Mini Tonis Mini Tonis Mini Tonis Mini Tonis Mini Tonis
Mini Tonis Mini Tonis Mini Tonis Mini Tonis Mini Tonis Mini Tonis Mini Ton
Mini Tonis Mini Tonis Mini Tonis Mini Tonis Mini Tonis Mini Tonis Mini Tonis
Mini Tonis Mini Tonis Mini Tonis Mini Tonis Mini Tonis Mini Tonis Mini Ton
Mini Tonis Mini Tonis Mini Tonis Mini Tonis Mini Tonis Mini Tonis Mini Tonis
Mini Tonis Mini Tonis Mini Tonis Mini Tonis Mini Tonis Mini Tonis Mini Ton
Mini Tonis Mini Tonis Mini Tonis Mini Tonis Mini Tonis Mini Tonis Mini Tonis
Mini Tonis Mini Tonis Mini Tonis Mini Tonis Mini Tonis Mini Tonis Mini Ton
Mini Tonis Mini Tonis Mini Tonis Mini Tonis Mini Tonis Mini Tonis Mini Tonis
Mini Tonis Mini Tonis Mini Tonis Mini Tonis Mini Tonis Mini Tonis Mini Ton

Material

- Je 1 Rohholzperle, ø 15 mm und ø 25 mm
- Tonkarton in Hellblau
- Bastelfarbe in Hellblau
- Malglitter in Silber
- Strukturschnee
- Chenilledraht in Hellblau, 6 cm (Hals) und 16 cm lang (Arme)
- Steckdraht, ø 1 mm, 5 cm und 10 cm lang (Dreizack)

Vorlagenbogen 1A

Poseidon, der Wassermann

(21.01 bis 19.02.)

Grundieren Sie den Tontopf hellblau und verzieren Sie ihn mit Schuppen. Malen Sie das Gesicht auf den blauen Kopf und tragen Sie dann den Strukturschnee auf. Das kurze Chenilledrahtstück wird als Hals in die Kopfkugel geklebt, dann die Arme um den Hals geschlungen. Der Hals wird in die Tontopföffnung gesteckt und mit der kleinen Holzperle von unten fixiert. Kleben Sie den Schwanz an und tragen Sie den Silberglitter auf. Den Dreizack biegen Sie gemäß der Zeichnung auf dem Vorlagenbogen.

Silvia und Sirin, die Fische

(20.02. bis 20.03.)

Die Tontöpfe werden zuerst mit dem Pinsel gelb bzw. rot angestrichen. In einem zweiten Arbeitsgang wird die Farbe diesmal mit dem Schwämmchen aufgetupft. Rücken- und Schwanzflosse werden jeweils doppelt ausgeschnitten, an der gestrichelten Linie angeritzt, umgeklappt und bis zur gestrichelten Linie zusammengeklebt. Die farbigen Punkte werden mit dem Holzstäbchen aufgetupft. Gestalten Sie die Gesichter und kleben Sie die Flossen an.

Material

- Tonkarton in Gelb und Rot
- Bastelfarbe in Gelb, Rot und Blau
- Rundholzstäbchen, ø 3 mm
- Je 2 Wackelaugen, ø 5 mm

Vorlagenbogen 1A

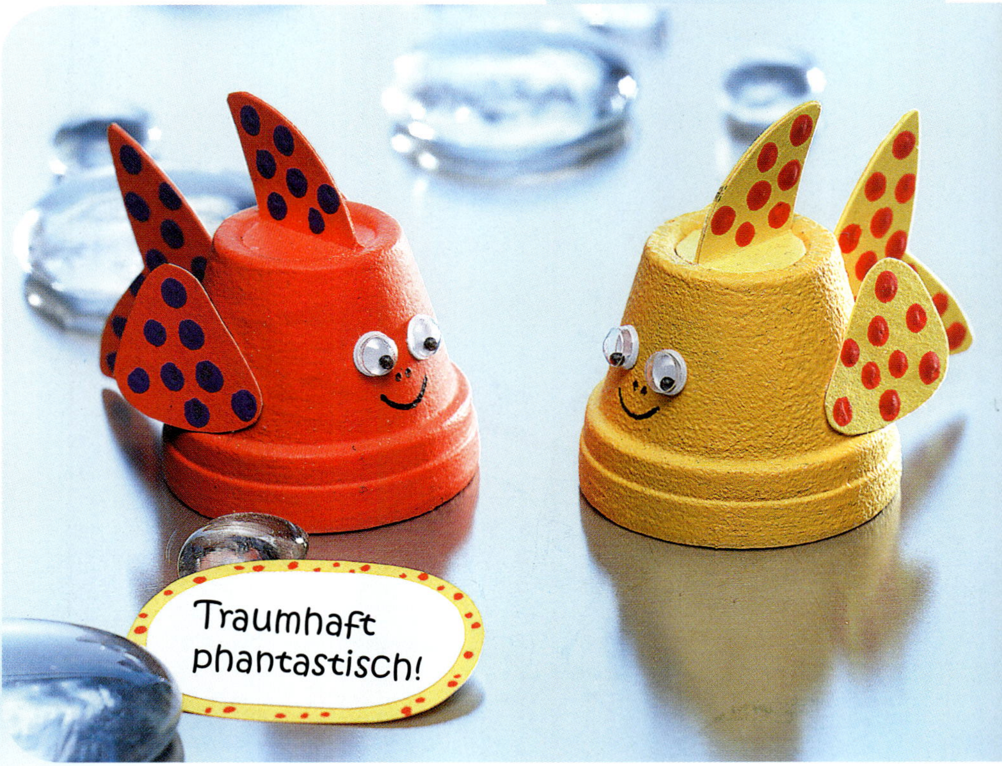

Material

- Je 1 Rohholzperle, ø 15 mm und ø 25 mm
- Tonkarton in Schwarz, Grün und Weiß
- Bastelfarbe in Schwarz und Hautfarbe
- Büschel Baumwollfaden in Gelb, ø 1 mm, 10 cm lang (Haare)
- Chenilledraht in Schwarz, 30 cm (Hals und Beine) und 16 cm lang (Arme)

Material Kaminbesen

- Büschel Abaca-Fasern in Schwarz, 4 cm lang
- Holzperle in Schwarz, ø 12 mm
- Blumendraht, ø 0,65 mm, 30 cm lang
- Blumendraht, ø 0,35 mm, 10 cm lang (zum Binden)

Vorlagenbogen 1A

Mini-Tonis **Nr. 61**

Lucky, der Schornsteinfeger

Die Haare werden in der Mitte mit einem gelben Faden zusammengebunden und dann auf den Kopf geklebt. Kopf, Arme und Beine werden nach Methode B am bemalten Tontopf befestigt (siehe Seite 5). Für den Kaminbesen wickeln Sie ein Ende des dicken Blumendrahtes doppelt um die Mitte des Abaca-Büschels. Nun fassen Sie das Büschel mit dem dünnen Draht zu einer Bürste zusammen. Am anderen Drahtende fixieren Sie die schwarze Perle. Den Zylinder kleben Sie aus den Einzelteilen zusammen (siehe Vorlagenbogen) und befestigen ihn mit einem Tupfen Klebstoff.

Gretchen und Griselda, die Glückshexen

Die Hexen werden nach Methode A gearbeitet (siehe Seite 5). Die Enden des Halsdrahtes lang hängen lassen, nachdem Sie die Kugel mit dem geringeren Durchmesser eingedreht haben. Die Haare werden am Kopf angedrückt und mit Klebstoff fixiert. Bei einer Hexe fassen Sie einige Haare in der Kopfmitte mit einem roten Faden zu einem Büschel zusammen. Die Haare der anderen Hexe werden mit einem Kopftuch gebändigt. Biegen Sie die Beine in Form und wickeln Sie die Wollfäden als Ringelstrümpfe um den Chenilledraht. Binden Sie die schwarzen Abaca-Fasern mit dem Blumendraht um das Rundholzstäbchen zu einem kleinen Besen. Setzen Sie die Hexe auf den Besen. Die langen Enden des Halsdrahtes werden um den Besenstiel gelegt, sehr straff miteinander verdreht und die Enden abgezwickt.

Material

- Je 1 Rohholzperle, ø 25 mm und ø 15 mm
- Bastelfarbe in Schwarz, Rot, Hellgelb, Grün und Hautfarbe
- Chenilledraht in Schwarz und ggf. Rot, 32 cm (Beine) und 15 cm lang (Arme)
- Wollfaden in Rot und Orange (Haarband und Strümpfe) oder Weiß und Rot (Strümpfe)
- Blumendraht, ø 0,65 mm, 20 cm lang (Hals)
- Büschel Abaca-Fasern in Orange, 12 cm lang, oder Grasfaser in Weiß, 9 cm lang (Haare)
- Ggf. Filz in Rot (Kopftuch)
- Büschel Abaca-Fasern in Schwarz, 8 cm lang (Besen)
- Rundholzstäbchen, ø 3 mm, 14 cm lang (Besen)
- Blumendraht, ø 0,35 mm, 10 cm lang (Besen binden)

Vorlagenbogen 1A

GLÜCKS-
HEXE
ICH HEX'
FÜR DICH

Mini Tonis **Nr. 63**

Schlummer und Kuschel, die Schlafbären

Material

- Rohholzkugel, halb gebohrt, ø 25 mm
- Rohholzperle, ø 15 mm
- Tonkarton in Weiß
- Bastelfarbe in Rosa und Weiß oder Hellblau und Weiß
- Chenilledraht in Rosa oder Hellblau, 28 cm (Hals und Beine) und 15 cm lang (Arme)

Vorlagenbogen 1B

Mit einem feinen Pinsel malen Sie auf den rosa oder hellblau grundierten Topf das weiße Herz und auf die farbig grundierten Ohren aus Tonkarton die weißen Ohrinnenflächen. Kleben Sie am Kopf zuerst das runde, mit Filzstift gestaltete Schnauzenteil aus Tonkarton an, dann malen Sie die Augenlider auf und kleben die Ohren an. Anschließend wird das Bärchen nach Methode B zusammengesetzt (siehe Seite 5).

Albert, Albrecht und Alfons, die Glückspilze

Material

- Tonkarton in Weiß, 4,5 cm x 10 cm
- Tonkarton in Grün
- Bastelfarbe in Rot und Weiß
- Rundhölzchen, ø 5 mm
- Holzperle in Rot, ø 6 mm

Vorlagenbogen 1B

Für den Stiel kleben Sie den weißen Tonkarton zu einer Röhre, malen das Gesicht auf und kleben das Rasenstück an. Für die Nase wird die rote Holzperle durchgeschnitten und aufgeklebt. Anschließend tupfen Sie mit dem Holzstäbchen weiße Punkte auf den rot bemalten Tontopf und stülpen ihn über den Stiel.

Die Beschreibung zu den Glückskäfern finden Sie auf Seite 24.

Mini-Tonis **Nr. 65**

Jack und Anna, die Glückskäfer

(Abbildung auf Seite 23)

Material

- Rohholzperle, ø 20 mm
- Tonpapier in Schwarz
- Bastelfarbe in Rot und Schwarz
- 2 Wackelaugen, ø 5 mm
- Chenilledraht in Schwarz, 3 x 7 cm (Beine), 1 x 9 cm (Hals und Fühler) und 1 x 4 cm lang (Fühler)

Auf den rot und schwarz bemalten Topf werden sieben Tonpapierpunkte (ø 10 mm) geklebt. Fixieren Sie die Wackelaugen auf der schwarz grundierten Holzperle und malen Sie den Mund auf. Wickeln Sie ein Ende des Hals-Fühlerdrahtes dreimal um die drei Beindrähte und stecken Sie den Kopf auf, bis der Fühler 2 cm übersteht. Zu dem einzelnen Fühler stecken Sie den zweiten Fühler in die Holzperle.

Nr. 66 Mini-Tonis

Mephi und Mafalda, die Viren-Teufelchen

Bohren Sie die Löcher für die Hörner, bemalen Sie Kopf und Zahnstocherspitzen, die Sie in die Bohrungen kleben. Bei der Teufelin werden die Haare in der Mitte mit dem Blumendraht zusammengefasst und 1 cm tief in den Kopf gezogen. Beim Teufel wird als Haarbüschel Strukturschnee aufgetragen und nach dem Trocknen schwarz angemalt. Auch der Topfrand wird mit Strukturschnee verziert. Kopf, Arme und Beine werden bei der Teufelin nach Methode A, beim Teufel nach Methode B am Tontopf befestigt (siehe Seite 5).

Material

- Je 1 Rohholzperle, ø 15 mm und ø 25 mm
- Tonkarton in Rot
- Bastelfarbe in Rot und ggf. Schwarz
- Chenilledraht in Schwarz, 30 cm (Hals und Beine) und 13 cm lang (Arme)
- 2 Zahnstocherspitzen, 1,5 cm bzw. 2,5 cm lang
- Bohrer, ø 1,5 mm
- Baumwollkordel in Schwarz, ø 1 mm, ggf. 8 bis 10 x 10 cm (Haare) und 1 x 12 cm lang (Schwanz)
- Ggf. Strukturschnee
- Ggf. Blumendraht, ø 0,65 mm, 11 cm lang

Vorlagenbogen 1A

Acrobat Reader
Reader 5.0
Best PhotoXposure XL
Windows Media Player
Papierkorb
Computer-
Teufelchen
I'm no
angel!

Ise und Ekkehardt, die Glücksschweinchen

Am Kopf kleben Sie zuerst die Rüsselscheibe, dann Augen und Ohren an. Grundieren Sie den Tontopf in Rosa und setzen Sie dann das Schweinchen nach Methode B zusammen (siehe Seite 5). Zuletzt kleben Sie den Ringelschwanz hinten an den Topf und geben dem Schweinchen ggf. ein Kleeblatt in die Haxe.

Material

- Rohholzkugel, halb gebohrt, ø 25 mm
- Rohholzperle, ø 15 mm
- Tonkarton in Rosa und ggf. Grün
- Bastelfarbe in Rosa
- Chenilledraht in Rosa, 20 cm (Hals und Beine), 12 cm (Arme) und 6 cm lang (Schwanz)
- 2 Wackelaugen, ø 3 mm

Vorlagenbogen 1B

Material

- Rohholzkugel, halb gebohrt, ø 25 mm
- Rohholzperle, ø 15 mm
- Holzperlen, ø 8 mm, 1 x in Rosa und 2 x in Weiß oder 1 x in Weiß, ø 10 mm (Rassel)
- Bastelfarbe in Rosa und Hautfarbe oder Hellblau und Hautfarbe
- Dicker Lackmalstift in Weiß
- Chenilledraht in Rosa oder Hellblau, 28 cm (Hals und Beine) und 15 cm lang (Arme)
- Blumendraht, ø 0,35 mm, 3 x 10 cm lang (Haare)
- Aludraht in Hellblau, ø 1,5 mm, 8 cm lang, oder in Rosa, ø 1 mm, 14 cm lang (Rassel)
- Bohrer, ø 1 mm und ø 2 mm
- Rundholzstäbchen, ø 3 mm

Vorlagenbogen 1B

Mini Tonis **Nr. 68**

Arthur und Annika, die Glücksbabys

Zuerst werden die Mundöffnung (ø 2 mm) und das Loch für die drei Locken (ø 1 mm) gebohrt. Dann wird der Kopf bemalt und das Gesicht aufgemalt. Wickeln Sie jedes der drei Drahtstücke siebenmal um das Holzstäbchen. Die Spiralen werden in die Bohrung am Kopf gesteckt. Gestalten Sie den Tontopf. Anschließend wird das Baby nach Methode B zusammengesetzt (siehe Seite 5). Die Rasseln biegen Sie aus dem Aludraht und bestücken sie mit Perlen. Orientieren Sie sich an der Abbildung.

Juanita, Carlos, Rita, Jorge, Antonio und Paulo, die Sorgenpüppchen

Binden Sie an die Enden der Arm- und Beinkordel jeweils eine Holzperle, der Abstand zwischen den Perlen beträgt 6 cm bzw. 9 cm (Kordelenden abschneiden). Gestalten Sie den Tontopf nach Wunsch und malen Sie das Gesicht auf die grundierte Holzperle. Die Sorgenpüppchen werden nach Methode C gearbeitet (siehe Seite 5).

Material

- Rohholzperle, ø 20 mm (Kopf)
- Bastelfarbe in Rot, Dunkelrot, Blau, Dunkelblau, Dunkelgrün oder Ocker sowie Hautfarbe
- 2 Rohholzperlen, ø 10 mm (Hände)
- 3 Rohholzperlen, ø 12 mm (Füße, Kopfbefestigung)
- Büschel Grasfaser in Weiß, Gelb, Schwarz oder Brauntönen, 8 cm lang
- Dicker Filzstift in Schwarz oder dicker Lachmalstift in Weiß
- Gewachste Baumwollkordel in Schwarz, ø 1 mm, 14 cm (Arme) und 20 cm lang (Beine)
- Blumendraht, ø 0,65 mm, 11 cm lang

Vorlagenbogen 1B

SORGEN-
PÜPPCHEN
ICH NEHM' DIR
DEINE SORGEN AB

Mini Tonis Nr. 70

Franz und Heinz, die Glücks-prüflinge

Material kleiner Prüfling Franz

- Je 1 Rohholzperle, ø 15 mm und ø 20 mm
- Bastelfarbe in Schwarz und Hautfarbe
- Tonpapier in Schwarz und Hautfarbe
- 2 Marionettenfüße, 15 mm x 20 mm
- Chenilledraht in Schwarz, 4 cm lang (Hals)

Material großer Prüfling Heinz

- Je 1 Rohholzperle, ø 15 mm und ø 25 mm
- Tonpapier in Schwarz
- Bastelfarbe in Schwarz und Hautfarbe
- Chenilledraht in Schwarz, 32 cm (Hals und Beine) und 12 cm lang (Arme)

Vorlagenbogen 1B

Für Franz kleben Sie ein Chenilledrahtende in den Kopf, das andere Ende stecken Sie durch die Öffnung des schwarz grundierten Topfes und die zweite Perle. Biegen Sie das Drahtende um. Kleben Sie den Hut zusammen (siehe Vorlagenbogen). Nun werden die schwarz bemalten Schuhe, die Hände (ggf. samt Schild) und der Hut angeklebt.

Heinz wird nach Methode B gearbeitet (siehe Seite 5).

Angelo und Angela, die Schutzengel

Material

- Rohholzperle, ø 20 mm (Kopf)
- 2 Rohholzperlen, ø 12 mm (Hände)
- 3 Rohholzperlen, ø 15 mm (Füße, Kopfbefestigung)
- Tonkarton in hellem Beige oder Gelb (Flügel)
- Bastelfarbe in Hautfarbe oder Blau, Gelb und Hautfarbe
- Rundriemen aus Leder in Natur, ø 2 mm, 14 cm (Arme) und 20 cm lang (Beine), oder Baumwollkordel in Gelb, ø 2 mm, 18 cm (Arme) und 24 cm lang (Beine)
- Blumendraht, ø 0,65 mm, 11 cm lang (Hals)
- Blumendraht, ø 0,65 mm, 6 bis 8 x 14 cm lang, oder ø 0,35 mm, 18 bis 20 x 20 cm lang (Haare)
- Rundholzstäbchen, ø 3 mm (Drahtspiralen)

Vorlagenbogen 1B

Kleben Sie die Holzperlen auf die Enden des Arm- und Beinriemens (am bunten Engel werden die blau bemalten Perlen mit einem Knoten an der gelben Kordel fixiert) und befestigen Sie beides nach Methode C am ggf. bunt gestalteten Tontopf. Die Drahthaare werden mehrere Male um das Holzstäbchen gewickelt, damit die Spiralen entstehen und in die Bohrung an der Perle gesteckt. Bemalen Sie evtl. die Flügel und kleben Sie sie am Topf an.

Material Micha

- Je 1 Rohholzperle, ø 25 mm und ø 15 mm
- Tonkarton in Schwarz (Brille)
- Bastelfarbe in Blau und Hautfarbe
- Chenilledraht in Blau, 26 cm (Hals und Beine) und 12 cm lang (Arme)
- Chenilledraht in Rot, 15 cm lang (Schal)
- Blumendraht, ø 0,65 mm, 21 cm lang (Hals)
- Büschel Abaca-Fasern in Schwarz, 8 cm lang (Haare)

Material Auto

- Sperrholz, 3 mm dick, 9 cm x 3,2 cm und 1,8 cm x 3,2 cm
- Bastelfarbe in Schwarz und Rot
- 4 Rohholzperlen, ø 15 mm (Räder)
- Holzperlen in Rot, 1 x ø 6 mm und 2 x ø 8 mm (Rücklichter, Wimpel)
- 2 Holzperlen in Weiß, ø 10 mm (Scheinwerfer)
- Tonkarton in Schwarz (Pedale) und Weiß (Wimpel)
- Blumendraht, ø 0,35 mm, 4 x 5 cm lang (Achsenbefestigung)
- Steckdraht, ø 1 mm, 12 cm (Lenkrad), 10 cm (Antenne), 2 x 1,5 cm (Pedale) und 4 x 2 cm lang (Lichter)
- Rundholzstäbchen, ø 3 mm, 2 x 6,5 cm lang (Achsen)
- Bohrer, ø 1 mm

Vorlagenbogen 1B

Mini Tonis **Nr. 72**

Micha, der Glücksfahrer

(Abbildung auch auf Seite 1)

Gestalten Sie Tontopf und Gesicht und setzen Sie den Fahrer nach Methode A zusammen (siehe Seite 5).
Bemalen Sie alle Auto-Einzelteile gemäß der Abbildung und bohren Sie die Löcher. Kleben Sie die Räder auf die Achsen. Stecken Sie die dünnen Drahtstücke von oben durch die (4 x 2) Bohrungen für die Achsbefestigung, legen Sie unten die Achsen auf und verdrehen Sie die Drahtenden darum herum. Die Lehne wird aufgeklebt. Für die Lichter biegen Sie die Drahtstücke in der Mitte um, ziehen eine Perle auf und stecken je ein Drahtende in die Sperrholzplatte. Brems- und Kupplungspedal werden eingesteckt und mit schwarzen Kartonpunkten vervollständigt. Das Gaspedal aus Karton wird an der gestrichelten Linie umgeklappt und aufgeklebt. Stecken Sie Lenkrad und Antenne ein und setzen Sie den Fahrer in den Wagen.